스스로 깨닫는 책 읽기의 즐거움

해결책을 찾아라!

초등 교과 연계

국어 > 1학년 1학기 > 5. 느낌이 솔솔
　　　　　　　　　　 7. 알맞게 띄어 읽어요
국어 > 1학년 2학기 > 1. 느낌을 나누어요
　　　　　　　　　　 4. 뜻을 살려 읽어요
국어 > 2학년 2학기 > 1. 생각을 나타내어요
　　　　　　　　　　 4. 어떻게 정리할까요?

스스로 깨닫는 책 읽기의 즐거움

해결 책을 찾아라!

초판 6쇄 펴낸날 2024년 4월 10일

글 가수북　그림 이경석
펴낸이 김동호　펴낸곳 키위북스
편집장 김태연　편집 김도연 · 박주원　꾸민곳 페이퍼민트
주소 경기도 고양시 일산동구 중앙로 1079, 522호
전화 031)976-8235　팩스 0505)976-8234
전자우편 kiwibooks7@gmail.com
출판등록 2010년 2월 8일 제2010-000016호

ⓒ가수북 · 이경석, 2013

ISBN 979-11-85173-01-6 14300
　　　 978-89-964831-5-1 (세트)

* 책값은 뒤표지에 있습니다.
* 이 책은 저작권법에 따라 보호받는 저작물이므로 무단 전재와 무단 복제를 금지하며,
　이 책 내용의 전부 또는 일부를 이용하려면 반드시 저작권자와 키위북스의 서면 허락을 받아야 합니다.
* 잘못된 책은 바꾸어 드립니다.

「이 도서의 국립중앙도서관 출판시도서목록(CIP)은 서지정보유통지원시스템 홈페이지(http://seoji.nl.go.kr)와
국가자료공동목록시스템(http://www.nl.go.kr/kolisnet)에서 이용하실 수 있습니다.(CIP제어번호: CIP2013024185)」

처음부터 제대로 ❹

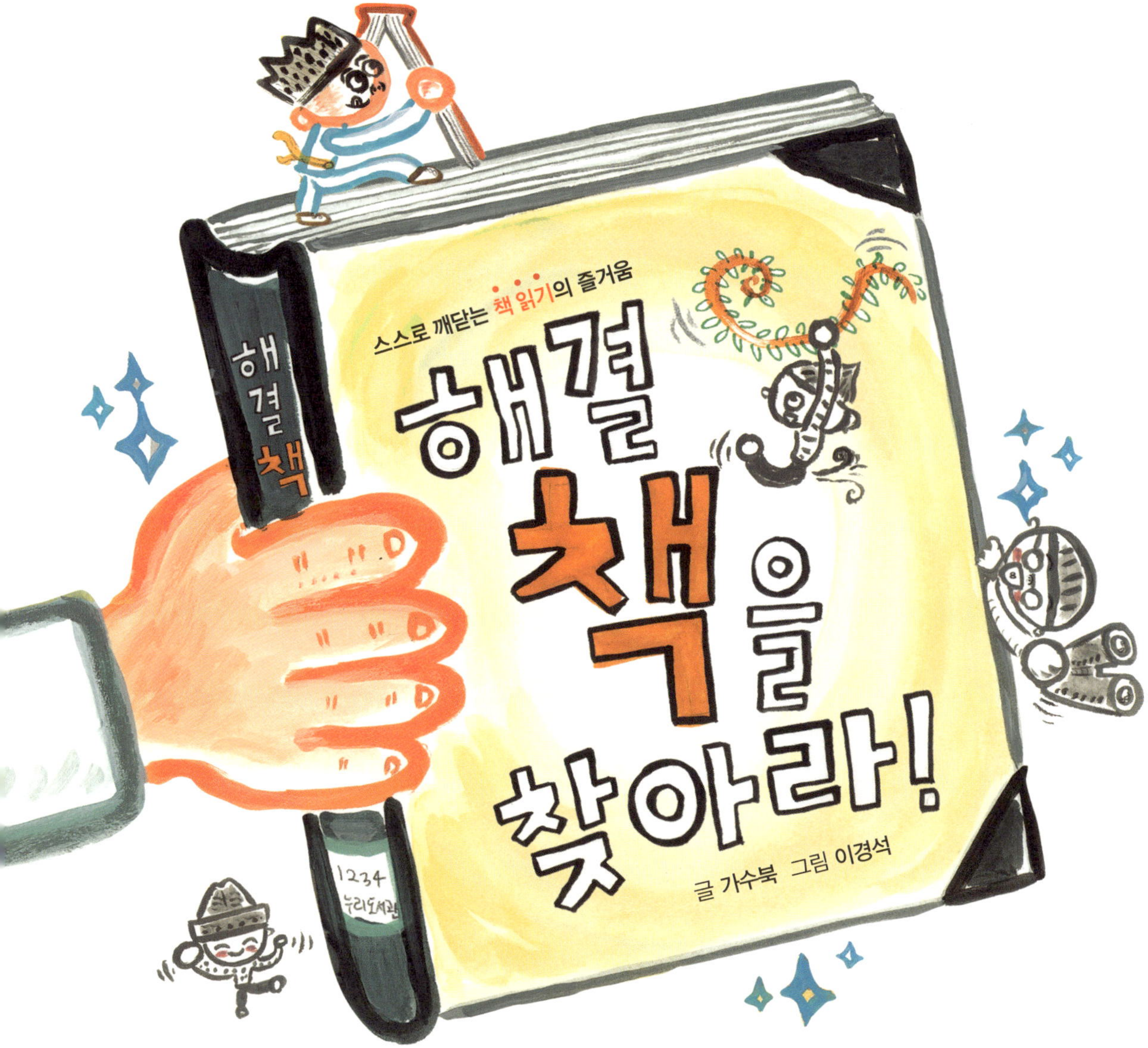

스스로 깨닫는 책 읽기의 즐거움
해결 책을 찾아라!

글 가수북 그림 이경석

키위북스

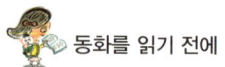 동화를 읽기 전에

책은 힘이 센 씨앗이에요

여러분도 식목일에 씨앗을 심었나요?
아줌마는 다섯 살배기 남자아이를 둔 엄마예요. 그 꼬마둥이가
식목일에 어린이집에서 꽃씨를 심은 화분을 가져왔답니다.
며칠이 지나자 친구들 화분에는 싹이 나기 시작했대요.
우리 집 화분은 감감무소식이었죠.
"엄마, 씨앗이 얼굴을 안 보여 줘."
꼬마둥이는 매일 아침 화분을 들여다보면서 울상을 지었어요.
아줌마도 마음을 졸였어요.
꼬마둥이 몰래 씨앗을 다시 심어야 하나 고민도 했죠.
그런데 한 달쯤 지난 어느 날 조그만 싹이 올라온 거예요! 조금 느리지만
열심히 싹을 틔운 작은 씨앗이 얼마나 대견하고 고마웠는지 몰라요.
그 싹은 지금도 우리 집 베란다에서 무럭무럭 자라고 있답니다.
언젠가는 아름다운 꽃을 피우고 탐스러운 열매도 맺을 테죠.
책은 바로 이런 씨앗과 같답니다. 우리 마음속에 심는 씨앗 말이에요.
마치 물을 주고 거름을 주듯이 우리가 살면서 여러 가지 경험을 하고
생각을 키워 가다 보면 그 씨앗이 싹트고 발전하고 성장하는 거예요.
그렇게 피어난 꽃이, 결실을 맺은 열매가 바로 미래의 여러분이랍니다.
궁금하지 않나요?
여러분이 마음속에 심은 씨앗들이 어떻게 자라날지 말이에요.
잊지 마세요. 씨앗을 심어야 싹이 트고 자라서
꽃과 열매를 맺는다는 걸요.

 가수북

차례

작전명 내 동생
돌멩이 훈이를 말려 줘요 • 10
왜 책을 읽어야 할까? • 17

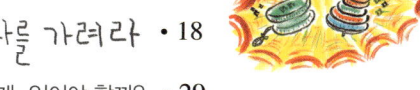
내기에 또 내기!
승자를 가려라 • 18
어떻게 읽어야 할까? • 29

꺼억~
책 먹어 치우는 할머니 • 30

똥싸개와 엘리펀트 맨 • 38
스스로 읽어요! 자기주도적 책 읽기 • 43

도대체 왜 그래!
우리 형 맞아? • 44

내기도 작전도 계속된다, 쭈우욱~ • 50
책과 친해지기, 어렵지 않아요! • 58
나만의 독서감상문 쓰기 • 60

작전명 내 동생 돌멩이 훈이를 말려 줘요

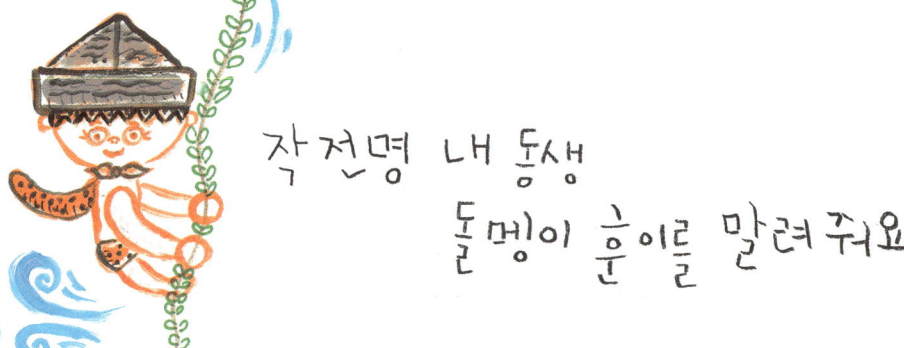

"유석훈! 그러다 떨어진다고!"

나는 두 눈이 튀어나올 것처럼 깜짝 놀랐어요.

"형아, 나 지금 절벽과 절벽 사이를 줄다리기하는 거야!"

석훈이가 방문 꼭대기에 대롱대롱 매달렸다가 책상 위로 뛰어내리려고 해요.

"줄다리기가 아니라 줄타기겠지. 너 거기 가만히 있어. 형이 잡아 줄게!"

휴~, 석훈이는 내 동생이에요. 여섯 살인데 잠시도 쉬지 않고 이렇게 위험한 장난만 쳐요. 자기 말로는 모험가 놀이를 하는 거래요. 깁스를 푼 지 이틀도 안 됐는데(모험

가 놀이를 하다가 다리가 부러졌거든요), 또 다치면 큰일이에요. 하나뿐인 동생한테 너무 무심하다느니 동생 마음도 이해 못 해 준다느니 말도 안 되는 소리를 하며 엄마 아빠가 나를 나무랄 게 뻔해요.

하지만 혼이 나는 건 별 문제가 아니에요. 나한텐 모험가 석훈이 때문에 더 골치 아픈 문제가 있어요. 오늘은 바로 이 문제를 상의하기 위해 친구들과 모이기로 한 날이에요.

아, 마침 엄마가 장을 보고 들어오셨네요. 석훈이가 또 따라붙지 않게 잽싸게 나가야 해요. 하나아, 두울, 셋!

"엄마, 저 유진이네 가요! 돌멩이 훈이, 모험가 놀이 하다가 또 다리 부러질 뻔했대요!"

탈출 성공!

내 동생 석훈이는 나를 졸졸 따라다녀요. 내 친구들이 자기 친구인 줄 안다니까요. 그래서 방학 때는 정말 죽을 맛이에요. 친구들과 무얼 하고 놀든 따라붙어 저도 끼워 달라고 고집을 부리거든요. 그러다가 혼자 위험한 장난에 빠져 결국 놀이를 망치고 말아요. 훼방꾼.

내가 일 학년 때는 몰래 유치원을 빠져나와서 우리 학교로 몇 번

이고 찾아온 적도 있어요. 방학이 끝났다고 말해 주었지만 돌멩이 녀석, 못 들은 척했지요. 다행히 이 학년이 되고 나서 아직까지 그런 일은 없지만 조마조마해요.

"헤이, 영훈! 오늘은, 돌멩이 껌딱지, 안, 붙이고 왔네~?"

현수예요. 현수한테는 래퍼가 되는 게 꿈인 중학생 형이 있는데, 현수는 어깨 너머로 형이 듣는 음악이며 친구들과 쓰는 말을 듣고 와서는 우리한테 써먹어요. 그럴 때면 가끔 현수가 정말 우리보다 형이라고 생각하는 게 아닐까 해서 기분이 나빠지기도 해요.

"이현수, 그만 좀 해. 불난 집에 부채질하냐? 오늘 우리 왜 모였는지 잊었어?"

유진이에요. 뽀로로 같은 안경을 써서 좀 우스꽝스럽게 보이지만 우리 중에서 가장 똑똑하답니다. 책을 많이 읽어서 아는 게 참 많아요. 동물 이름이나 기계 이름 같은 것도 척척 알아맞혀요. 석훈이의 '석'이 돌멩이라는 뜻이라고 알려 준 것도 유진이예요.

하지만 같이 놀다 보면 가끔씩 기분이 상하기는 마찬가지예요. 현수한테 그런 것처럼요. 유진이가 아는 척을 하도 많이 해서 어른한테 잔소리 듣는 기분이니까요.

어쨌든 나 유영훈, 이현수, 송유진, 이렇게 세 명은 삼총사예요. 아기 때부터 같은 동네에 살았고, 같은 어린이집에 다녔고, 같은 유치원을 졸업했어요. 아주 어렸을 때 기억은 잘 나지 않지만, 유치원 때도 현수랑 유진이는 지금과 비슷했어요. 둘 다 나보다는 아는 게 많았고 형 같았지요. 아마도 현수한테는 형이, 유진이한테는 누나가 있기 때문인가 봐요. 어쨌든 언제나 내 편을 들어 주는 친구들이에요.

"내 생각에는 책을 찾아보면 될 것 같아. 우리 집 강아지 해피가 갑자기 낑낑 소리를 내다 컹컹 소리를 지르다 오락가락 이상한 짓을 했을 때, 그때도 왜 그런지 책에서 찾아냈거든."

"책책책, 너는 만날 책! 그리고 석훈이가 강아지냐? 돌멩이지. 하하하. 아, 아니 어쨌든 그 책 소리 좀 그만해. 안 그래도 우리 형이 요새 재미없는 책에만 빠져서 나랑 놀아 주지도 않는 통에 정말 짜증난단 말이야."

아, 유치원 때랑 변하지 않은 게 또 있어요. 현수랑 유진이가 하루에 한 번씩은 꼭 싸운다는 거예요. 우리 엄마 말이 유진이는 말이 앞서고 현수는 몸이 앞서는 성격이라 그렇대요. 둘이 정반대인데 그래서 오히려 죽이 더 잘 맞고 그러다 보니 시끌벅적 재밌는 거래요.

"또 무식한 소리 한다. 옛말에 '책 속에 길이 있다'는 말이 있어. 책에는 모든 해결책이 담겨 있다는 뜻이라고."

"뭐, 무식? 그거 욕이잖아. 친구한테 이래도 되는 거야? 책에 뭐든지 다 들었다고? 안 들어 있으면 어떻게 할 건데, 응?"

우리가 삼총사인 이유는 바로 이럴 때 내가 나서기 때문이에요.

"석훈이 다리 다 나았어. 언제 학교로 찾아올지 몰라. 우리 반 애들이 보면 난 또 놀림감이 될 거라고. 우린 삼총사니까 너희들도 저번처럼 무사하지 못할걸? 빨리 석훈이의 모험가 병을 고쳐야 해. 우리 싸우지 말고 작전 개시하자!"

'작전 개시'라는 멋진 말을 섞어 했더니 현수랑 유진이처럼 어른스럽게 말한 것 같아 어깨가 으쓱해요. 친구들도 이제야 조용히 내 말에 귀를 기울여요.

왜 책을 읽어야 할까?

여러분 중에 "제발 책 좀 읽어라!"라는 부모님의 잔소리를 들어 보지 않은 친구는 거의 없을 거예요. 텔레비전이나 컴퓨터 게임, 스마트폰은 제발 그만 하라고 말리면서 책 읽으라는 잔소리는 왜 그렇게 많이 하는 걸까요? 도대체 책이 뭐길래, 책 속에 뭐가 있길래…….

책이란 세상 모든 것들의 이야기를 글자나 그림으로 담아 빚어 낸 그릇과 같아요. 아주 작은 그릇이지만 무궁무진하고 어마어마하게 큰 세상의 모든 이야기가 담겨 있지요. 그래서 필요할 때마다 책을 펼쳐 그 안에서 자신이 찾고 싶은 답이나 만나고 싶은 이야기를 찾을 수 있어요.

재미와 즐거움에 빠지고 싶을 땐 이야기책을 펼쳐 언제든 꿈과 모험이 가득한 이야기 속으로 떠나 상상의 세계에서 자유롭게 날아다닐 수 있어요.

또 자신의 몸에 대한 고민이나 또래 친구와의 갈등처럼 혼자서는 해결하기 힘든 여러 가지 문제에 부딪쳤을 때 책은 스스로 답을 구하는 데 필요한 길잡이가 되어 주어요. 책을 읽으며 때로는 웃기도 하고, 울기도 하면서 상처 받은 마음을 치유하고, 살아가는 데 필요한 힘을 얻기도 하지요.

자신이 알지 못하는 새로운 세계를 간접적으로 체험하기도 하고, 해 보고 싶었던 일을 대신 경험하기도 하면서 다른 세계와 다른 사람에 대한 열린 마음을 가질 수도 있어요.

궁금한 게 있으면 전문 분야의 책이나 백과사전, 신문 등을 펼쳐 정보와 지식을 얻을 수도 있어요. 책 읽기는 지식과 교양, 상식을 넓히는 가장 좋은 방법이랍니다. 물론 컴퓨터로도 지식은 얻을 수 있지요. 하지만 책 읽는 시간은 단순히 지식을 얻는 데에만 머물지 않고 스스로 생각을 기르며, 자신의 세계를 넓히는 시간이에요. 그래서 다양한 책을 고루 읽으면 자신이 아는 세상이 조금 더 넓어지고, 커지고, 깊어지지요.

이렇게 책은 우리들에게 다양한 선물을 주어요. 부모님이나 선생님이 책 읽기를 권하고 강조하는 이유를 이제 알 것 같지요? 그렇다면 이제 즐거운 책 읽기를 시작할 준비가 된 거예요. 책 읽기의 시작은 책 읽기가 이롭다는 것을 알고, 좋은 책을 꾸준히 읽으려는 마음을 가지는 것부터이니까요.

아하! 그래서 책을 읽어야 하는구나.

내기에 또 내기! 승자를 가려라

"내가 영훈이 때문에 참았다. 어휴!"

"사돈 남 말 하시네. 하긴 책을 돌같이 보는 네가 이게 무슨 뜻인지나 알겠냐?"

우리는 지금 우리 동네 마을버스 종점에 있는 '사랑의 복지회관 누리도서관'으로 가는 중이에요. 두 가지 답을 얻기 위해서요. 현수와 유진이의 싸움은 언제나 내기로 끝나거든요. 먼저 책에 세상의 모든 해결책이 담겨 있는지 아닌지, 그 답을 알아내야 해요. 만약 유진이 말이 맞다면 현수의 야광 요요는 유진이 차지가 될 거예요. 그게 아니면 유진이의 5단 점프 팽이는 현수 게 되겠죠.

두 번째는 원래 우리가 해결하려고 했던 유석훈의 모험가 병을 고치는 방법. 석훈이 문제는 사실 딱히 좋은 방법이 떠오르지 않아 유진이 말대로 책에서 해결책을 찾아보기로 했어요. 정말로 책에 모든 해결책이 담겨 있다면 석훈이 문제도 해결될 테니까요.

두 가지 문제 다 도서관에 가서 사서 선생님을 만나 물어볼 거예요. 누구 말이 맞는지, 그리고 유진이 말이 맞다면 어떤 책을 찾아보면 되는지.

"그러니까 네 동생의 요상한 장난을 멈추게 할 방법이 담긴 책을 찾아 달라는 얘기니?"

"네. 그런데 정말로 책이 그런 문제도 해결해 줘요? 책에 세상의 모든 문제를 해결할 수 있는 해결책이 다 담겨 있어요?"

성격 급한 현수가 사서 선생님 말을 싹둑 잘라먹고 허겁지겁 물어보았어요.

선생님은 대꾸 없이 미소 지으며 현수 머리를 쓱쓱 쓰다듬고는 다시 말을 이었어요.

"동생이 다칠까 봐 걱정되고, 자꾸만 신경에 거슬리는 너희 마음은 잘 알겠어. 그런데 동생이 학교에 찾아오는 게 그렇게도 싫어?"

"당연하죠! 유치원에 다니는 동생이 학교까지 졸졸 따라온 것만도 창피한데, 거기다 자기가 모험가라면서 엉뚱한 소리를 해 가며 위험한 장난까지 치는걸요!"

내가 울먹이며 말하자 유진이가 거들었어요.

"선생님도 석훈이를 직접 보시면 저희 맘 이해하실 거예요. 석훈이가 원숭이처럼 학교 운동장에 있는 구름사다리를 타다가 스파이더맨처럼 펄쩍 뛰어내리는데, 그거 보다가 심장이 터질 뻔했다니까요. 우리 엄마가 우리 삼총사 보고 한참 까불고 장난치면서 놀 꾸러기들이 석훈이 덕에 일찍 철이 들었다고 하실 정도예요."

"석훈이가 학교에 찾아온 날, 우리 반에서 제일 못생긴 수진이를 괴물이라면서 주머니에서 장난감 총 꺼내 들고 빵빵 쏘아 대는 통에 배꼽 빠져라 웃었, 아, 아니 분위기 험악했다고요."

현수까지 보태니까 정말 눈물이 나올 것만 같았어요.

"하하! 이러다 영훈이 울겠다. 듣고 보니 석훈이란 녀석, 정말 못 말리는 장난꾸러기로구나."

어른들은 왜 모르는 거 있으면 물어보라고 해 놓고 도리어 꼬치꼬치 쓸데없는 얘기만 캐묻는지 모르겠어요. 도서관 사서는 책에 대해서 아주 잘 아는 사람이라더니, 유진이가 잘못 알고 있는 모양이에요.

"아, 그런데 손에 든 책, 여기서 대출한 거 맞지? 반납하려고? 아주 재미있는 책을 읽었구나. 그 책 정말 재밌지 않니?"

유진이 녀석, 실은 책을 반납하려고 온 건가 봐요. 사서 선생님은 또 딴소리고요. 여기서 해결책을 찾을 수 있기는 한 걸까요?

"음…… 그냥 그랬어요."

유진이는 사서 선생님이 묻는 말에 시원스레 대답하지 못했어요. 유진이가 책 얘기를 할 때 이렇게 우물쭈물하는 건 처음 봐요.

"갑자기 물어봐서 당황했다면 미안. 난 그 책을 무지무지 재밌게 읽었거든. 대출 기록을 보니까 유진이는 책을 참 많이 읽는구나. 책을 정말 좋아하나 보다. 그렇지?"

"네? 그게……."

어휴, 이야기가 계속 엉뚱한 방향으로 가고 있어요.

유진이는 얼어붙었어요. 유진이 기분을 살피던 현수가 걱정이 되는지 저도 얼음이 되었어요.

"아이고, 당황했나 보구나. 미안하다. 그렇게 심각할 필요는 없는데. 이 학년이면 아직 책에 있는 글자를 읽어 내는 것만으로도 벅찰 수 있는 나이니까 말이야. 그런데 너무 어려운 책을 본다거나 한꺼번에 책을 너무 많이 읽다 보면 글자를 보느라 정작 무슨 내용인지는 모르고 넘어갈 수 있단다. 누가 정말 재밌는 농담을 했는데 그게 무슨 뜻인지 모르면 같이 웃을 수가 없잖아. 그거랑 마찬가지야. 글자만 읽는 책은 재미가 없단다. 그럼 점

점 책이 싫어질 수도 있고 말이야. 책을 많이 읽는 것보다 중요한 것은 책을 제대로, 즐기며 읽는 거란다. 그러면 책이 얼마나 재미있는지 저절로 알게 될 거야."

사서 선생님이 유진이를 바라보며 말했어요.

"책이 재밌다고요? 말도 안 돼. 만화책이라면 모를까. 우리 엄마가 책을 많이 읽으면 공부 잘하니까, 그러니까 무조건 많이 읽어야 되는 거라 그랬어요. 그런데 숙제하고 나면 놀 시간도 모자란데 언제 책을 읽어요? 우리 엄마는 '책 좀 읽어라' 나한테 잔소리만 하고 내 알림장 보는 것도 귀찮아 한다고요. 엄마도 재미없으니까 안 읽는 거잖아요. 책은 정말 재미없어. 솔직히 책을 왜 읽어야 하는지 모르겠어요."

와그작! 얼음이 깨지듯 현수가 갑자기 화를 냈어요.

"하하, 현수는 책을 정말 싫어하는구나? 그런데 수수께끼나 OX 퀴즈 같은 건 좋아하니? 하이힐은 원래 남자도 신었다! O, X?"

사서 선생님이 갑작스럽게 퀴즈를 냈어요.

퀴즈를 좋아하는 현수가 흥

분해서 "X! X!" 하며 손을 번쩍 들었어요. 방금 전까지 씩씩거리던 것도 홀랑 잊고요.

"땡! O입니다. 하이힐은 17세기 프랑스에서 유행했는데 남자들도 신었다고 해. 그 당시는 화장실이 없어서 너나 할 것 없이 아무데서나 볼일을 봤는데, 그러다 보니 똥오줌이 길거리에 넘쳐나서 신발 굽을 높였다는 거야."

"와, 진짜예요?"

현수가 눈을 반짝이며 물었어요.

"그럼. 어때, 재밌지? 책 속에는 이렇게 우리가 모르는 재밌는 지식들이 아주 많이 담겨 있단다. 우리나라에서 발사한 나로호 알지? 나로호처럼 인공위성을 쏘아 올리는 로켓, 그게 책 속에서는 자그마치 이백 년 전에 이미 등장했어. 공상과학소설의 아버지라고 불리는 쥘 베른이라는 사람의 소설 속에 말이야."

"와, 말도 안 돼."

이번에도 현수예요.

"대단하지? 책 속에는 이런 새롭고 흥미진진한 이야기가 가득해서 읽다 보면 마음껏 상상의 나래를 펼칠 수 있단다. 아, 역시 책은 생각만 해도 짜릿해. 그래서 내가 사서가 된 거야. 매일매일 재밌는 책에 파묻혀 지낼 수 있으니까."

사서 선생님은 현수처럼 흥분해서 침을 튀기며 말했어요.
"말도 안 돼. 퀴즈는 재밌지만……."
선생님 눈치를 살피던 현수가 소곤거렸어요.
"사실 저는 책이 재미있다기보다 엄마 아빠가 제가 책 읽는 모습을 좋아하시니까 그게 좋았어요. 다른 사람들도 저한테 책 많이 읽어서 똑똑하다고 칭찬하고……."

가만 듣고만 있던 유진이도 모기만큼 작은 소리로 대답했어요. 현수도 유진이도 내기나 석훈이는 까맣게 잊은 모양이에요. 그런데 왠지 더 이상 석훈이 얘기를 꺼내면 안 될 것 같아요.

"뭐야, 다들 내 말을 믿지 못하는 모양인데? 그렇다면 나랑 내기할까? 책이 정말 재미있는지, 아닌지 알아내는 거야. 내가 지면 정말 재밌는 책을 매일 한 권씩 추천해 주지!"

"에이, 그게 무슨 내기예요? 책 싫다니까요!"

사서 선생님 말에 현수가 성을 내면서 말했어요.

"하하. 그럼 석훈이 문제를 해결할 그 책, 내가 찾아 주기로 할게. 어때, 그럼 내기가 되겠지? 물론 내가 이기겠지만."

"정말 찾아 주시는 거죠? 내기할게요!"

나는 귀가 번쩍 뜨여 소리쳤어요.

"그럼 먼저 내가 소개해 주는 분을 만나 보렴. 우리 동네에 매일매일 책을 먹어 치우는 분이 있거든. 그분을 만나고 나면 내 말을 믿게 될 거야."

"거짓말. 책 먹는 여우는 들어 봤어도 책 먹는 사람은 처음 들어요!"

유진이도 다시 우렁찬 목소리가 되었어요.

"있다니까, 책이 무지무지 맛있어서 엄청 많이 먹는 사람이."

어떻게 읽어야 할까?

일 년 동안 백 권이 넘는 책을 읽어도 아무것도 기억하지 못하는 아이와 단 한 권의 책을 읽었어도 가슴 깊이 새긴 아이 중에 제대로 책을 읽은 아이는 누구일까요?

옛 사람이 남긴 말 가운데 "글을 읽을 때는 세 가지가 그곳에 머물러야 한다. 즉 마음이 머물러야 하고, 눈이 머물러야 하고, 입이 머물러야 한다. 마음이 그곳에 머무르지 않으면 눈이 자세히 보지 않게 된다. 마음과 눈이 한곳에 머무르지 못하면, 다만 제멋대로 외우고 헛되이 읽을 뿐이다. 결코 책의 내용을 기억할 수 없고, 설령 기억한다고 해도 또한 오래가지 못하고 잊어 버릴 것이다."라는 말이 있어요. 책을 읽을 때는 눈으로 보고 소리를 내어 읽는 데 그칠 것이 아니라 마음과 뜻을 하나로 모아 글의 뜻과 의미를 새겨야 한다는 말이지요.

책을 많이 읽는 것보다 중요한 것은 제대로 읽는 것이에요. 수박 겉핥기처럼 문맥의 의미는 깊이 생각하지 않고 글자를 훑어보며 무작정 많이 읽기만 하는 것은 제대로 책을 읽는 것이라 할 수 없어요. 책을 다양하게 많이 읽는 것도 중요하지만 그렇다고 해서 책의 권수에만 신경 쓰느라 책을 읽고 얼마나 이해하고 소화했는지에 소홀하면 책 읽기의 즐거움을 알기도 전에 지쳐 버려 책에 대한 애정마저도 잃게 되지요.

책을 읽을 때는 단 한 권을 읽더라도 집중해서 즐겁게, 정독을 해야 해요. 정독은 '깊이 생각하면서' 읽는 책 읽기의 방법이에요. 한줄 한줄 곱씹고 되새기며 내용을 깊이 이해하고 나아가 마음으로 받아들이면 책은 진정한 마음의 양식이 될 수 있답니다.

마음과 눈과 입으로 책을 읽어요!

꺼억~
책 먹어 치우는 할머니

시장 입구로 들어서니 온갖 냄새가 다 풍겨 왔어요. 고소한 부침개며 맵고 새콤한 김치, 짭조름한 젓갈과 비릿한 생선 냄새……. 한데 섞이지 않고 제각각 살아서 콧속으로 솔솔 들어오는 게 신기했어요. 상인들은 모두 약속이나 한 듯 똑같이 새빨간 앞치마와 두건을

두르고 있었어요.

"가게 이름도 없는데 어떻게 찾지? 게다가 사람들이 하나같이 다 비슷비슷해 보여."

"가까운 데 아주 큰 마트가 들어서는데 그걸 반대한다는 표시로 같은 옷을 입고 있는 거래."

두런두런, 현수와 유진이는 도서관에 가기 전보다는 훨씬 사이가 좋아 보였어요.

사서 선생님이 가르쳐 준 대로 시장 입구로 들어가 죽 걷다 보니 문 앞에다 쌀강정을 벌여 놓고 파는 지물포가 나왔어요. 그 맞은편에 우리가 만날 사람이 있다고 했어요.

"저기다!"

내 말에 현수와 유진이가 멈춰 섰어요.

천막도 없는 길 한 귀퉁이 가게에서 나이 많은 아주머니가 등받이 없는 의자에 앉아 열심히 책을 읽고 있었어요. 벽에는 마늘이 든 자루가 차곡차곡 쌓여 있고, '국산만 팝니다!' 하고 쓰인 종이가 붙어 있었어요. 삶은 감자와 군고구마, 찐 옥수수, 깐 밤, 깐 마늘, 참깨, 도라지도 있었어요.

우리는 슬며시 다가가 인사했어요.

"안녕하세요?"

"너희가 삼총사로구나? 사서 선생님한테 전화 받았단다."

아주머니가 책에 파묻고 있던 얼굴을 들며 말했어요. 나는 할머니라고 불러야 할지 아주머니라고 불러야 할지 헷갈렸어요. 쪼글쪼글 얼굴에 주름이 가득한데, 환하게 웃으니 장난꾸러기 아이 같았거든요.

"할머니가 책 먹는 사람이에요? 진짜 책을 먹어요? 어떻게 먹어요? 얼마나 많이 먹었어요? 왜 먹는데요?"

현수가 다짜고짜 물었어요. 옆에 있던 유진이가 현수보다 더 궁금한 표정을 지었어요.

"그럼, 나는 매일매일 책을 먹는단다. 하루라도 안 먹으면 배가 고프거든. 책만 읽으면 밥 안 먹어도 배가 부르지."

"에이, 거짓말!"

삼총사답게 우리는 셋이 한목소리를 냈어요.

"못 믿겠니? 그럼 여기 좀 앉아 볼래? 내가 왜 매일매일 책을 먹게 됐는지 알려 줄게."

할머니는 우리가 자리에 앉자 이야기를 시작했어요.

"하루 종일 시장에서 딱딱한 의자에 앉아 장사를 하면 몹시 고단하단다. 수시로 밤이며 마늘, 도라지도 까야 하고 무거운 자루도 날라야 하지. 장사를 마치고 집으로 돌아가면 씻자마자 곯

아떨어지기 일쑤야. 아침 일찍 일어나 장사 준비를 해야 하니 너무 늦게까지 책을 보기도 어렵단다."

"그래서요?"

"장사만 하기도 고단한데, 틈만 나면 책을 붙들고 있으니 얼마나 재밌으면 그러겠니? 누가 시킨다고 그걸 할 수 있겠어?"

우리 셋 다 도무지 알 수 없다는 표정이었나 봐요. 할머니가 다시 장난꾸러기처럼 웃더니 말을 이었어요.

"사실 내가 한글을 정확히 읽고 쓰게 된 건 얼마 되지 않았단다. 십 년이 조금 넘었지. 살면서 까막눈으로 지낸 세월이 더 많았던 거야. 나는 아주 깊은 산골 가난한 집에서 태어났어. 부모님이 일찍 돌아가셔서 여기저기 옮겨 다니며 식모살이를 했단다. 그래서 학교를 다니거나 글을 배울 기회가 없었지. 먹고사는 게 고단해서 글자나 책 같은 건 관심도 없이 살았어."

이런 이야기를 직접 들어 보기는 처음이에요.

현수가 또 불쑥 끼어들었어요.

"식모가 뭔데요?"

"남의 집에 얹혀살면서 부엌일이나 빨래, 청소 같은 집안일을 도맡아 하는 사람이란다. 눈치도 많이 보이고 몸도 고단하고 서러운 일도 참 많이 겪었지. 그래도 난 슬퍼하는 대신 열심히 살았어. 내가 아주 명랑한 편이거  든. 그래서 나를 싫어하는 사람은 별로 없었단다. 특히 아이들이 나를 좋아했지. 아이들과 잘 놀아 준다는 소문이 나고부터는 아이들 돌보는 일을 하게 됐어. 내가 책을 좋아하게 된 건 다섯 살 된 엄지라는 여자아이를 돌보게 되면서부터란다. 이름처럼 작고 귀여운 아이였는데, 나를 보자마자 그림책을 들고 와서는 읽어 달라고 하더구나. 글을 모르는 내가 어떻게 읽어 줄 수 있었겠니? 그래서 다른 걸 하자고 구슬렸는데, 엄지가 펑펑 울기 시작했어. 나 때문에 아이가 우는 일은 처음이었기 때문에 나도 눈물이 났지. 난생처음으로 글자 모르는 게 그렇게 서러울 수가 없더구나. 그런데 내가 우는 걸 보더니 엄지가 나에게 책을 읽어 주기 시작했어. 작은 구슬이 통통 튀는 것처럼 고운 목소리를 들으니 마음이 진정되면서 어느새 이야기에 빠려들기 시작했는데, 얼마나 재미있던지 눈물도 쏙 달아나 버렸지."

할머니는 그때부터 사랑의 복지회관에 한글을 배우러 다니셨대

요. 처음엔 자음과 모음을 아무리 외워도 책만 펼치면 도무지 무슨 글자인지 생각이 안 나서 답답하셨대요.

할머니 이야기를 듣다 보니 나도 길을 가다가 처음으로 글자가 눈에 번쩍 들어온 일이 생각났어요. '소화기'였는데, 엉뚱하게도 음매 하는 소가 떠올라서 혼자서 얼마나 웃었는지 몰라요.

"난 책을 읽으면서 내가 모르는 세상을 만나는 재미에 푹 빠졌단다. 세상엔 나만큼이나 어려운 사람이 많다는 것도 알게 되었고, 그 처지가 어찌나 생생하게 쓰여 있는지 내 속마음을 들킨 것 같기도 했지. 힘든 일을 겪을 때마다 나는 고작 슬프다, 눈물 난다, 외롭다, 이런 말만 했는데 어쩜 그렇게 또렷하게 표현을 할 수 있는지 감탄이 나더구나. 물론 나와는 모든 면에서 정반대인 사람들도 이 세상에 함께 살고 있다는 것도 새삼 알게 되었

단다. 이렇게 여러 책을 두루 읽다 보니 나와는 다르게 생각하고 다른 방식으로 사는 사람도 어느 정도는 이해할 수 있게 되었어. 또 글쓴이가 왜 이런 말을 썼을까 궁리하다 보면 마치 탐정 놀이라도 하는 듯 더 재미가 붙었지. 사람들의 속마음이나 세상 모든 수수께끼를 하나하나 풀어 내는 탐정이 된 것처럼 말이야. 그러면서 쓴맛, 짠맛, 단맛, 매운 맛…… 시장에서 파는 음식들처럼 인생은 참 여러 가지 맛이 나는구나, 하고 알게 되었단다. 글자를 배우니 까막눈이 훤히 트였던 것처럼 잘 몰랐던 것들을 알게 되니 내가 걸어가야 할 길이 탁 트인 것 같더구나. 맛난 밥을 든든히 먹은 듯 기운도 솟았고. 책은 마음의 양식이라고 그러잖니. 그래서 나는 달콤하고, 짭조름하고, 시큼하고, 온갖 맛이 다 나는 영양이 듬뿍 담긴 책들을 매일매일 먹어 치우는 거란다."

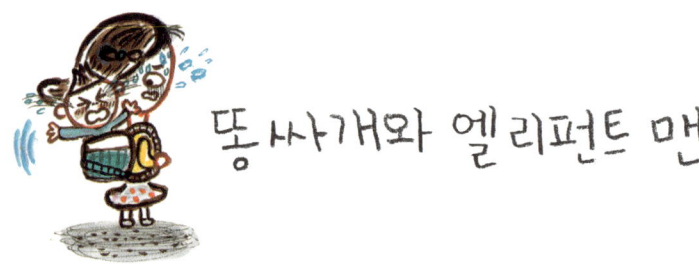# 똥싸개와 엘리펀트 맨

우리는 사서 선생님과 한 내기에서 누가 이긴 건지 헷갈렸어요. 그래서 시장에서 제일 가까운 유진이네 집으로 가서 일단 간식을 먹고 나서 생각해 보기로 했어요.

"정말 멋진 할머니를 만나고 왔구나. 이 삶은 감자 정말 맛있네. 인심도 참 좋으시다."

유진이 엄마랑 우리 삼총사는 마루에 옹기종기 모여 앉아 할머니가 주신 간식을 먹었어요. 헤어질 때 봉지에다 군고구마, 삶은 감자, 찐 옥수수를 가득 담아 주셨거든요.

"할머니를 만나 보니 사서 선생님 말이 맞는 것 같아?"

"잘 모르겠어요. 할머니 말은 알 것도 같은데……."

"아줌마, 저는 유진이가 하도 책책책, 해서 책이 재밌어서 그러는 줄 알았거든요. 근데 유진이는 아줌마랑 아저씨가 책을 많이 보면 칭찬해 주시니까 읽는 거래요."

고구마를 한입 가득 물고 우물거리면서 현수가 갑자기 끼어들었어요.

유진이 표정이 갑자기 시무룩해졌어요. 나는 팔꿈치로 현수 옆구리를 살짝 찔렀어요.

"저런, 우리 유진이가 그랬어? 엄마 아빠는 유진이가 책을 좋아하기를 바라는 거였는데. 책이 얼마나 재밌고 좋은지 알고 있으니까. 무조건 많이, 억지로 읽는 걸 바랐던 게 아니란다."

아줌마 말에 유진이는 기분이 조금 풀린 것 같았어요.

"현진이 누나가 태어났을 때 엄마는 회사에 다니고 있었단다. 그런데 회사 일이 너무 바빠서 엄마는 누나를 돌볼 수가 없었어. 그래서 여천에 계신 할머니가 데리고 내려가 키워 주셨어. 누나는 늘 엄마를 보고 싶어 했지. 엄마는 그때 함께 있어 주지 못한 게 누나한테 늘 미안했어. 그래서 유진이가 태어났을 때는 회사를 그만두었어. 유진이까지 외롭게 하긴 싫었거든. 그런데 웬걸, 아기를 키우는 일은 정말 힘이 들었단다. 그동안 할머니가 누나를 키워 주셔서 그렇게 힘든 줄 까맣게 몰랐던 거지. 그렇지 않아도 좋아하는 일을 그만두어서 마음이 울적했는데 유진이가 밤이나 낮이나 빼빼 울면서 오줌 싸고 똥만 싸니까……."
"엄마!"
"푸하하, 유진이는 똥싸개! 오줌싸개!"
유진이와 현수가 거의 동시에 소리쳤어요.
"아가들은 다 똥싸개야. 석훈이 아기 때 봤어."
"동생이 있어서 잘 아는구나? 영훈이 말이 맞아. 그런데 엄마도 그때 아기가 되고 말았단다. 너무 힘들어서 유진이랑 같이 밤낮 울기만 했거든. 그러던 어느 날 우연히 〈엘리펀트 맨〉이라는 영화에 대한 이야기를 담은 책

을 읽게 되었어. 그 주인공은 희귀병 때문에 괴물처럼 흉측한 얼굴로 태어났는데, 사람들의 괴롭힘을 당하면서 홀로 외롭게 살았지만 심성만은 누구보다 고왔대. 누군가 어떻게 그럴 수 있느냐고 물었더니, 엄마가 자기를 낳았을 때 꼭 안아 주었기 때문이라고, 언제나 그걸 떠올리면서 살기 때문이라고 대답했대. 엄마는 그 구절을 보고 온몸에 전기가 찌르르 흘렀어. '엄마의 사랑이란 바로 이런 힘을 지녔구나, 나도 그런 대단한 엄마로구나' 생각하니까 힘이 불끈 솟으면서 지치고 아픈 마음도 씻은 듯 낫는 것 같았단다. 한 권의 책이 엄마를 이전과는 다른 사람으로 만들어 준 거야. 엄마는 그 뒤로 책을 더 열심히 읽었지. 이렇게 씩씩한 엄마가 된 것도 다 책 덕분이라고 할 수 있을 거야. 어때? 이제 엄마가 왜 책을 좋아하는지, 왜 유진이가 책 읽는 모습을 좋아하고, 많이 읽기를 바라는지 알겠니?"

전기가 찌르르 흐른다는 게 어떤 느낌인지 나도 알 것 같았어요. 아줌마 말을 듣고 나도 귓가가 간질간질하면서 찌릿찌릿했거든요. 현수도 나와 같은 느낌인지 눈이 초롱초롱해요. 유진이는 어느새 아기처럼 엄마 품에 쏙 안겨 있어요.

"사람마다 책을 읽는 이유는 다 다를 거야. 재미있기 때문일 수도 있고, 위로와 힘이 되기 때문일 수도 있고, 또 다른 이유를 대는 사람도 있겠지. 아, 맞다. 팔방미인 주희 이모부 알지? 그 이모부가 마술도 하고, 근사한 요리도 하고, 멋진 가구도 척척 잘 만들잖아. 그런 것도 다 책을 보고 배운 거란다."

"또 주희 이모부 얘기야? 가정의 평화를 위해서 아빠 앞에서는 제발 꺼내지 마세요."

현진이 누나예요. 우리 모두 이야기에 빠져 누나가 들어온 것도 몰랐어요.

"이현수, 이거 너희 형이 부탁한 책이야. '이제 너도 철 좀 들려나 보다' 하고 전해 줘."

스스로 읽어요! 자기주도적 책 읽기

무슨 일이든 억지로 하는 것보다는 스스로 하는 것이 더 효과적이에요. 책 읽기도 마찬가지랍니다. 부모님이나 선생님이 시켜서 억지로 하는 책 읽기, 칭찬을 받기 위해 억지로 하는 책 읽기, 하기 싫은 데도 의무감으로 하는 책 읽기는 시간 낭비일 뿐이에요. 또한 부모님이나 선생님이 옆에서 도와 주는 데는 한계가 있지요.

제대로 책을 읽는 가장 좋은 방법은 자기주도적으로 책을 읽는 거예요. 자기주도적으로 책을 읽는다는 것은 자신의 관심과 흥미, 수준을 알고 스스로 재미를 느끼며 책을 읽는 것을 말해요. 즉, 자기 자신이 책 읽기의 중심이 되는 것이지요. 처음부터 끝까지 스스로 계획하고 생각하고 실천해야 하는 자기주도적 책 읽기는 텔레비전을 보거나 게임을 하는 일에 비해 귀찮고 힘든 일이 분명하지만 스스로의 힘으로 한 권의 책을 온전하게 다 읽고 나면 비로소 책 읽기의 즐거움을 제대로 깨닫게 될 거예요.

① 글의 내용을 머릿속으로 상상하면서 집중해서 읽어요.
② 모르는 낱말이나 어휘는 미리 뜻을 찾아서 알고 난 후 읽어요.
③ 제목이나 차례를 미리 훑어보아요.
④ 그림이나 도표를 꼼꼼하게 살펴보면 내용을 이해하는 데 도움이 돼요.
⑤ 글을 읽다가 의문이 들거나 어떤 생각이나 느낌이 생기면 글 옆에 적어 두어요.
⑥ 마음에 드는 인상적인 표현이나 중요한 내용은 밑줄을 그어 두어요.
⑦ 각 문단의 내용을 요약하면서 읽으면 내용 파악에 도움이 돼요.
⑧ 글의 내용과 다른 방향으로 생각해요.

"항상 우리 형을 무시한단 말이야. 에이, 현진이 누나가 예쁘니까 참는다!"

"말도 안 돼. 너 안경 써야 하는 거 아니야? 잘난 척 마귀할멈이 어디가 예쁘다는 거야? 차라리 참지 마!"

현수 집으로 오는 내내 티격태격, 현진이 누나 덕분에 현수와 유진이는 다시 원래대로 돌아왔어요. 다행이에요. 시무룩하거나 심각한 건 우리 삼총사한테 안 어울리니까요.

"녀석들, 또 싸우냐?"

민수 형이에요. 안 본 사이에 키가 훌쩍 크고 어깨도 넓어진 것 같아요. 왠지 전과는 조금 다른 사람처럼 보이기도 했어요.

"형아, 이거 현진이 누나가 주래. '이제 너도 철 좀 들려나 보다'

하고도 전하랬어."

"송현진답네. 유진아, 예쁘고 똑똑한 누나 있어서 넌 좋겠다."

민수 형이 손가락으로 유진이 옆구리를 쿡쿡 찌르면서 장난을 쳤어요.

"으흐흐흐. 형, 근데 이 책 표지에 있는 할아버지는 누구예요? 설마 래퍼는 아니죠?"

유진이가 간지럼을 참느라 몸을 흐느적거리면서 물었어요.

"너희는 잘 모를 텐데, 넬슨 만델라 대통령이야. 노벨평화상을 탄 흑인 인권 운동가이자 남아프리카공화국 최초의 흑인 대통령."

입이 떡 벌어졌어요. 나도 현수도 유진이도.

"거 봐, 우리 형 이상해졌어. 형아, 난 형아 랩할 때가 제일 멋있어. 왜 갑자기 잘난 척 마귀할멈 현진이 누나처럼 된 거야? 랩은 이제 안 해? 아우 어어 우우 싫어 으어으어……."

유진이가 무섭게 눈을 치켜뜨자 현수는 더 이상 말을 잇지 못했어요. 바보처럼 몸을 흔들면서 웅얼거렸지요.

"왜 안 해? 랩도 열심히 할 거야. 내 꿈이 래퍼거든. 우리나라 최초의 인권 운동가 래퍼."

그게 뭐지? 또다시 우리는 입이 떡 벌어졌어요.

우리 삼총사 표정을 보더니 형이 푸하 웃으며 이야기를 들려주었어요.

"인권이란 사람이 태어나면서부터 누구나 가지고 있는 당연한 권리야. 사람답게 사는 데 필요한 기본적인 권리. 흠, 너희한테는 너무 어려운가? 쉽게 말하자면, 예전엔 많은 흑인들이 백인들의 노예로 살았다는 건 알지? 그런데 지금은 아니잖아. 흑인 인권 운동가들이 백인들과 동등한 사람으로 살 수 있도록 싸웠기 때문이야. 물론 지금이야 노예는 없어졌지만, 지구촌에는 아직 어린아이라든가 노인, 장애인처럼 인권을 보호 받지 못하는 사람들이 많이 있거든. 나는 그런 사람들을 돕는 일을 하고 싶어."

민수 형은 정말 다른 사람처럼 보였어요. 똑똑한 유진이도 이해가 잘 안 가는지 고개를 갸웃하며 더듬더듬 질문했어요.

"그럼 형은, 음, 그러니까, 직업을 두 개 가지겠다는 얘기예요? 래퍼랑 형이 말한 인권 운동가는 전혀 다른 일 같아요."

"그런가? 내가 랩을 좋아했던 건 사실 겉으로 보기에 너무 멋졌기 때문이야. 래퍼들은 불량해 보이기도 하지만, 그런 모습 때문에 누구도 함부로 건드리지 못할 만큼 강해 보이기도 하거든. 특히나 흑인들 랩은 흉내내다 보면 마치 내가 정말 강해지는 것 같아 좋았어. 학교에도 내가 흑인 랩 좀 한다는 소문이 도니 나를 건드리는 사람이 없더라고. 나는 내가 정말 강한 사람인 것처럼 생각했었어. 그런데 음악하고는 영 거리가 멀 것 같은 과학 선생님이 어느 날 물으시더라. 네가 웅얼거리는 랩이 무슨 뜻인 줄은 아느냐고. 나는 제대로 모르면서도 잘 아는 척 지껄여 댔지. 그랬더니 선생님이 입에 담지 못할 욕을 하시는 거야. 내가 한 랩의 뜻이 바로 그 욕이라면서. 그러고는 유명한 래퍼들의 이름을 줄줄이 댔지. 또 랩의 기원이 아프리카의 자메이카라는 설이 유력하고, 자메이카에는 랩이 아니라 레게라는 다른 종류의 음악으로 아주 유명한 사람도 있다고 하시면서 내가 랩을 좋아하는 게 가짜라고 했어. 휴, 얼마나 민망하고 자존심이 상하던지."
민수 형은 그때가 떠오르는 듯 볼이 빨개졌어요.
"그런데 너희들, 내 얘기 지루하지 않니?"
우리는 고개를 절레절레 저었어요.
"아냐, 형. 얘기 계속해 줘."
"과학 선생님한테 그 얘기를 들은 뒤로 기분이 나빠서 며칠은 랩도 듣기 싫었어. 그러다 오기가 생겨서 인터넷으로 랩에 대한 자료를 찾기 시작했지. 선생님이 말하신 내용도 슬쩍 검색해 보고 말이야. 선생님이 말한 레게 가수는 밥 말리라는 사람이

었어. 자기가 사랑하는 노래를 통해 사람들에게 평화의 소중함을 전하는 가수이자 인권 운동가로 활동한 사람이었지. 그 사람의 삶은 정말 감동적이었어. 그래서 나도 그런 사람이 되고 싶다는 생각이 들었고 자연스럽게 인권 운동에도 관심을 갖게 되었지. 랩도, 인권 운동도 점점 더 알고 싶어지더라. 누군가 좋아하면 그 사람 생각만 하고 어떤 색깔을 좋아할까, 무슨 책을 읽을까, 그 사람에 대해 알고 싶은 게 많아지잖아. 그런 것처럼 말이야. 아무튼 그래서 내 꿈은 인권 운동가 래퍼라는 말씀. 내 얘기는 이것으로 끝!"

"그래서 요즈음 책을 그렇게 많이 보는 거야? 공부도 그래서 열심히 하는 거고?"

현수가 여전히 퉁명스럽게 말하자 민수 형은 더는 귀찮다는 듯

우리를 방에서 내몰았어요.

"그래그래, 이 형이 말이야 배워야 할 게 아주 많거든. 아는 게 많아야 사람들을 잘 도울 수 있지. 그리고 내가 원하는 일을 하려면 지금은 공부가 우선이니까. 그래서 인권 운동에 대한 책은 물론이고, 영어 책도 수학 책도 내 꿈을 이루기 위한 계단이다 생각하고 꾹꾹 밟고 있는 거야. 또 책을 많이 읽다 보니까 책 읽는 재미도 알게 됐고. 자, 됐지? 이제 나가 주라."

내기도 작전도 계속된다, 쭈욱~

"송유진, 이제 5단 점프 팽이는 내 거다."
"그게 무슨 소리야?"
"내기 잊었어?"
"잊기는? 네 형광 요요가 내 거지."

둘이 또 시작이에요. 삼총사의 평화를 위해 내가 다시 나설 때가 되었어요. 하지만 도무지 무슨 말을 해야 할지 모르겠어요. 사서 선생님, 할머니, 유진이 엄마, 그리고 민수 형 이야기를 들어 보면 책 속에는 무언가 아주 많은 것들이 담겨 있는 것 같긴 해요. 그런데 그게 세상 모든 해결책이라고 말할 수 있을까요?

"사서 선생님하고도 내기했잖아."

내 말에 현수와 유진이가 잠잠해졌어요.

"우리가 졌잖아. 다들 책이 재밌다고 했으니까."
"나는 아니야. 솔직히 너도 아니잖아? 그러니까 무승부라고!"

내기에서 지기 싫어하는 현수가 유진이 말에 펄쩍 뛰었어요.

"너희들 진짜 이럴래? 석훈이는 어떻게 해?"

나는 방문 꼭대기에 대롱대롱 매달려 있던 석훈이가 퍼뜩 떠올라 화가 났어요.

아웅다웅하던 둘이 다시 조용해졌어요.

아무리 생각해도 딱히 좋은 방법이 떠오르지 않았어요.

"이대로 물러설 순 없으니까 우리 도서관에 가 볼까? 그냥 책을 찾아 달라고 다시 부탁해 보자."

유진이 말대로 우리는 사랑의 복지회관 누리 도서관으로 걸음을 옮겼어요.

"이제 오니? 너희가 돌아올 줄 알고 있었지."

"내기는 무승부예요. 난 책 재미없어!"

현수가 불어 터진 목소리로 말했어요.

"하하. 그래그래, 무슨 말인지 알겠다. 재미는 스스로 느끼는 거지 누가 강요한다고 되는 건 아니니까. 승부욕 강한 삼총사, 그러면 도서관에 있는 책을 샅샅이 다 읽어 보는 건 어때? 그러다 재미있는 책이 나오면 내가 이기는 걸로 하자. 그럼 다 읽어 보기 전까지는 누구 말이 맞는지 알 수 없겠지? 하하하."

사서 선생님이 책이 여러 권 담긴 종이봉투를 건네며 말했어요. 사서 선생님이 정말 찾아 준 모양이에요!

"네 동생의 장난을 멈출 방법을 정확하게 적어 놓은 책은 없단다."

"그럼 이 책들은 뭐예요?"

나는 사서 선생님 말에 기운이 쏙 빠졌지만 어떤 책인지 궁금했어요.

"석훈이 같은 말썽꾸러기가 나오는 책, 그리고 석훈이가 좋아하는 모험 이야기가 담긴 책들이야. 석훈이한테 이 책들을 읽어 주렴. 책은 신기한 마법과도 같아서 읽는 사람을 변화시키는 힘이 있단다. 못 말리는 말썽꾸러기가 나오는 책들을 보면 가족들이 얼마나 곤란해지는지 주인공 입장이 되어서 생각할 수 있지. 그럼 분명 석훈이도 장난을 멈출 거야. 그리고 모험가 석훈이가 실제로 할 수 있는 건 고작 높은 곳에서 뛰어내리는 등 유치하고

위험한 장난뿐이잖니. 그런 건 위험하니까 머릿속으로 상상하면서 모험하는 법을 알려 줄 테니 같이 하자고 잘 설득해 보렴. 그러고 나서 석훈이가 알고 있는 것보다 훨씬 대단한 모험 이야기를 읽어 주는 거지. 이게 바로 사람들이 책을 읽는 이유 중에 하나란다. 실제로는 직접 경험하기 힘든 것들을 책을 통해 상상으로 해 보는 거."

"정말 석훈이가 달라질까요?"

"그럼. 어쩌면 석훈이는 형이 같이 놀아 주기를 바랐는지도 몰라. 아직 어려서 모험이나 탐험이 무언지 제대로 몰라 엉뚱한 행동을 했던 거고. 너는 동생이 위험하니까 말린 건데, 석훈이 입장에서는 형이 놀아 주지도 않으면서 잔소리만 하고 귀찮게 여기니 매번 심술이 났겠지. 그런데 형이 모험하는 법도 알려 주고 같이 모험을 떠나자고 하면 분명 귀를 기울일 거란다. 자, 나는 이 책들을 읽고 나면 분명 석훈이 문제가 해결될 거라는 데 걸지. 나랑 내기할 사람?"

"저요, 저요!"

내기라는 말에 현수가 손을 번쩍 들면서 소리쳤어요.

"바보. 난 사서 선생님 편 할래."

"이 배신자. 유영훈 너는 내 편이지?"

유진이 말에 현수가 다그쳤어요.

"글쎄, 일단 석훈이랑 이 책들을 읽어 보는 게 좋을 것 같아. 나 혼자 읽어 주기에는 너무 많아. 우린 삼총사니까 너희들도 같이 석훈이한테 읽어 줄 거지?"

물론 나는 사서 선생님 편이에요. 왜냐고요? 돌멩이 훈이의 모험가 병이 얼른 낫기를 바라니까요. 어떻게든 돌멩이 훈이를 말려야 해요. 내기에서 누가 이겼는지는 그 다음에 가려도 늦지 않겠죠?

책과 친해지기, 어렵지 않아요!

1. 좋아하는 분야의 책을 읽어요

처음에는 좋아하는 주제를 다룬 책부터 읽기 시작해요. 동물을 좋아하면 동물에 관한 책, 운동을 좋아하면 운동에 관한 책부터 찾아서 읽는 거예요. 좋아하는 주제의 책이라면 흥미를 갖고 몰입하기 쉬워요. 그리고 책 읽기 자체에도 관심을 갖게 되어 계속 책을 읽고 싶은 마음이 생겨나지요. 그런 다음 차츰 분야를 넓혀 보세요.

2. 가벼운 마음으로 대해요

책을 끝까지 읽어야 한다는 부담감은 버려요. 부모님이 강요해서, 선생님이 추천해서 읽어야 한다는 의무감도 버려요. 책 읽기를 즐기는 자체가 중요하답니다. 하루에 조금씩이라도 스스로 읽어 보세요.

3. 책으로 놀이를 해요

책을 읽기만 하라는 법은 없지요. 책을 활용해서 다양한 놀이를 할 수도 있어요. 어떤 책이 두꺼운지, 어떤 책이 가장 얇은지 찾아보기를 할 수도 있고, 한 가지 주제를 정해서 온 집안의 책을 찾아볼 수도 있고, 책 제목 짓기 놀이를 할 수도 있고, 책으로 집을 지을 수도 있어요. 책으로 만드는 놀이터, 상상만 해도 즐겁지 않나요?

4. 매일매일 꾸준하게

아침 식사 전이나 수업 시작 전, 또는 잠자기 전처럼 시간을 정해서 규칙적으로 책을 읽어요. 매일매일 노력하다 보면 자연스럽게 습관이 될 거예요.

5. '많이'보다는 '제대로' 읽어요

"난 올해 200권이나 읽었어!"하고 자랑스럽게 이야기하는 친구들도 있어요. 하지만 책 읽기에 있어서 중요한 것은 '얼마나'가 아니라 '어떻게'랍니다. 자신에게 맞게 양과 수준을 조절해 읽어야 해요. 한 권을 읽더라도 제대로 여러 번 읽는 것이 훨씬 더 좋아요.

6. 책을 고를 땐 도움을 받아요

음식을 골고루 먹어야 건강해지는 것처럼 책을 읽을 때도 다양한 분야의 책을 골고루 읽는 게 중요해요. 어떤 책을 읽어야 할지 잘 모르겠다면, 선생님이나 사서 선생님이 추천해 주는 책을 읽어도 좋아요. 평소 좋아하던 작가나 출판사의 다른 책을 읽어 보는 것도 좋은 방법이에요.

7. 질문하면서 읽어요

무조건 글쓴이의 생각에만 따르기보다는 '왜 그럴까?', '왜 이런 표현을 썼을까?', '주인공은 왜 그런 생각을 했을까?' 등등 질문을 던지며 책을 읽어 보세요. 책과 대화를 주고받으면서 내 주장도 펼쳐 보는 것이지요. 이러한 과정을 거치면 생각의 키가 자라게 될 거예요.

8. 생각을 정리해요

읽은 책을 내 것으로 만드는 가장 좋은 방법은 책 읽은 느낌을 잘 정리하는 거예요. 정리를 해야 비로소 책 읽기가 끝났다고 할 수 있지요. 정리를 잘 해놓으면 다음에 내용을 되새김하거나 활용할 때 아주 유용합니다.

9. 함께 읽어요

책은 혼자 읽어도 좋지만 함께 읽을수록 더 좋아요. 여럿이 모여 돌아가면서 한 줄씩 책을 읽거나 역할을 정해 읽는 등 다양한 방법으로 책을 읽으면 더 즐겁게 책을 읽을 수 있을 뿐 아니라 자연스럽게 책 읽기에 집중할 수 있어요. 또한 책을 다 읽고 난 뒤에는 책에 대한 이야기를 나누어 보세요. 읽은 내용을 혼자만 간직하는 것이 아니라 책에서 받은 느낌이나 생각을 나누고, 다른 의견을 받아들이면 생각을 넓힐 수 있답니다.

책과 친해지는 도서관 이용법

온갖 종류의 책이 모두 모여 있는 도서관은 책을 읽기 위한 장소이기도 하지만 책과 친해지기에 더없이 좋은 장소예요. 일주일에 한두 번 도서관 가는 날을 정해 가족이 함께 도서관에 들러 보세요.

> **📖 도서관에 가면**
> ① 책은 직접 골라 보세요. 직접 책을 고르면 끝까지 재미있게 읽을 수 있어요. 가기 전에 도서관 사이트를 이용해 읽고 싶은 책이 있는지 미리 찾아보고 가는 것도 좋아요.
> ② 가족과 함께 책을 읽어요. 함께 같은 책을 읽으면 나눌 이야기도 많아진답니다.
> ③ 눈높이에 맞는 책을 골라요. 책 읽기가 어렵게 느껴진다면 나이보다 낮은 수준의 책을 읽어도 좋아요. 쉬운 책을 읽어야 이해가 쉽고, 재미를 느낀답니다.
> ④ 책을 읽을 때는 책이 상하지 않도록 소중히 다루고 다 읽은 뒤에는 정해진 자리에 갖다 놓는 것이 기본. 다른 사람의 책 읽기에 방해가 되지 않도록 공공예절을 지키면 다른 사람을 배려하는 마음도 저절로 기를 수 있어요.
> ⑤ 도서관 사서 선생님과 친해지세요. 책에 대해서 언제든지 물어 볼 수 있고, 알맞은 책을 추천받을 수도 있어요. 사서 선생님이 좋아진다면 도서관에 더 자주 가고 싶겠지요?
> ⑥ 도서관에서는 여러 가지 프로그램을 진행하고 있어요. 도서관 사서 체험, 영화 상영, 동화 구연, 독서퀴즈대회 등과 같은 다양하고 재미있는 프로그램에 참여하면 도서관이 더 가깝게 느껴질 거예요.

나만의 독서감상문 쓰기

　책 읽기의 마지막 과정은 마지막 책장을 덮는 것이 아니라 책을 읽고 난 뒤 마음에 떠오르는 느낌이나 생각을 정리하여 남기는 일이에요. 생각을 정리하는 방법으로는 여러 가지가 있겠지만, 그 중에 글로 생각을 표현하는 방법이 가장 바람직해요. 이것을 독서감상문이라고 하는데, 생각만 할 때와는 달리 글을 쓰기 위해서는 생각을 정리해야 하고 여러 번 다듬어야 해요. 그래서 독서감상문을 쓰는 것은 책의 내용을 더 깊이 생각하고 이해하며 간직하게 한다는 점에서 매우 중요한 활동이며, 자신의 생각을 표현하는 법, 글의 내용을 요약하고 정리하는 법, 글쓰기 실력 등을 키울 수 있는 좋은 글쓰기 방법이에요. 그러므로 책을 읽은 뒤에는 독서감상문을 남기는 습관을 들이는 것이 좋아요.

　하지만 책 읽기는 좋아하면서도 독서감상문 쓰는 건 싫어하는 사람들이 많아요. 독서감상문을 써야 한다는 부담감 탓에 책 읽기 자체를 싫어하는 일도 생기지요. 자신의 생각을 문장으로 표현하는 것은 쉬운 일이 아니니까요. 하지만 감상을 긴 문장으로 만들지 않더라도 얼마든지 즐겁게 독서감상문을 쓸 수 있답니다.

　자, 지금부터 쉽고 재미있게 독서감상문을 쓰는 방법을 알려 줄게요. 그 전에 책을 꼼꼼히 다 읽는 것은 기본. 책 내용뿐 아니라 표지나 지은이 소개, 차례, 지은이나 옮긴이의 글들도 빼놓지 않고 읽어 둔다면 독서감상문을 더 쉽고 다양하게 쓸 수 있어요.

독서감상문을 써 보자!

1) 어떻게 시작하지?

　날짜, 책 제목, 지은이, 출판사, 읽은 기간 등 책에 대한 정보를 적는 것은 기본! 그 다음 책을 읽게 된 동기와 그 책을 처음 대했을 때의 느낌을 쓰거나 인상 깊었던 부분을 옮겨 적으며 시작해 보세요. 이 때 중요한 점은 인상 깊은 부분을 적고 옮긴 이유를 쓰는 거예요. 그러면 책을 읽지 않은 친구들도 이해할 수 있답니다.

2) 어떻게 채우지?

　일정한 형식이 있는 것은 아니지만 기본적으로 줄거리, 옮겨 쓰고 싶은 부분과 그 이유, 감동적이거나 인상 깊은 이야기와 이유, 느낀 점 등 기본적인 내용들로 채워 넣으면 돼요. 이 중 자신의 생각과 느낌은 구체적으로 써야 해요. 그리고 자신의 생각을 썼다면 반드시 이유도 써 보세요. 처음에는 어설프고 서툴겠지만 자꾸 쓰다 보면 자연스럽게 생각하는 힘이 길러지기 때문이에요.

3) 솔직하게 쓰기

자신의 생각을 글로 표현하는 일은 쉽지 않아요. 잘 쓰려고 하다 보면 한 줄도 나아가지 못하고 그만두고 싶어지지요. 하지만 남이 본다는 생각을 하지 말고 일단 아무렇거나 생각나는 대로 써 보는 거예요. 긴 문장이 아니어도 괜찮아요. 단 한 줄이라도 일단 써 보는 것이 중요하답니다.

4) 마무리는 이렇게!

마무리 부분에서는 자신의 생각을 정리해요. 책을 읽고 난 뒤 느낀 점이나 새롭게 얻은 깨달음, 본받을 점, 또는 다짐 등을 쓰면 된답니다. 그리고 마지막으로 자신이 쓴 독서감상문에 어울릴 만한 제목을 붙여 보세요.

이 구성은 쓰는 정해진 것은 아니고 형식에 따라 생략하거나 다양한 방법으로 표현할 수 있어요. 또한 처음부터 모든 빈칸을 다 채워야 한다는 부담도 버리세요.

똑같은 건 지루해! 색다른 독서록 남기기

늘 똑같은 형식으로만 책 읽은 느낌을 남기는 건 재미없고 지루할 거예요. 글을 쓰더라도 일반적인 형식에서 벗어나 자유롭게 자신만의 스타일로 써 보세요. 결말 바꿔 쓰기, 뒷이야기 만들기, 책을 소개하는 편지 쓰기, 주인공에게 편지 쓰기, 주인공 입장에서 상상일기 쓰기 등 상상력을 마음껏 뽐내도 좋아요. 글에 자신이 없다면 그림으로 남길 수도 있고, 긴 글에 자신이 없다면 짧은 시나 광고 문구 등으로 남길 수도 있어요. 길이나 형식에 얽매이지 말고 자신만의 개성을 담아 색다르게 표현해 보세요.

이렇게 써 볼까?

- **일기** → 일기 형식에 맞추어 쓰기
- **시** → 시의 형식이 드러나도록 행과 연을 나누어 짧고 재미있게 쓰기
- **편지** → 책의 등장인물이나 지은이, 또는 친구 등에게 편지 형식으로 쓰기
- **광고** → 광고 형식에 맞게 책의 특징을 간결하고 명료하게 소개하기
- **만화** → 인상 깊은 장면이나 중요한 내용을 만화로 그리기
- **그림** → 책 표지를 그리거나 인상 깊은 장면 등 책을 읽은 감상을 자유롭게 그리기
- **신문 기사** → 책의 중요한 사건을 '누가, 언제, 어디서, 무엇을, 어떻게, 왜'의 육하원칙에 맞추어 쓰기
- **독서 카드** → 날짜, 제목, 지은이, 줄거리, 생각이나 느낌 등을 카드 형식에 맞춰 간단하게 정리하기